Lesen

Wörter – Sätze – kurze Texte

Nina Bode-Kirchhoff
Erika Brinkmann
Jennifer Reiske

1/2

verlag für pädagogische medien

INHALT

Teil 1: Wörter lesen

Teil 2: Sätze lesen

Teil 3: Kurze Texte lesen

Datum:

SCHREIBE DEN BUCHSTABEN.

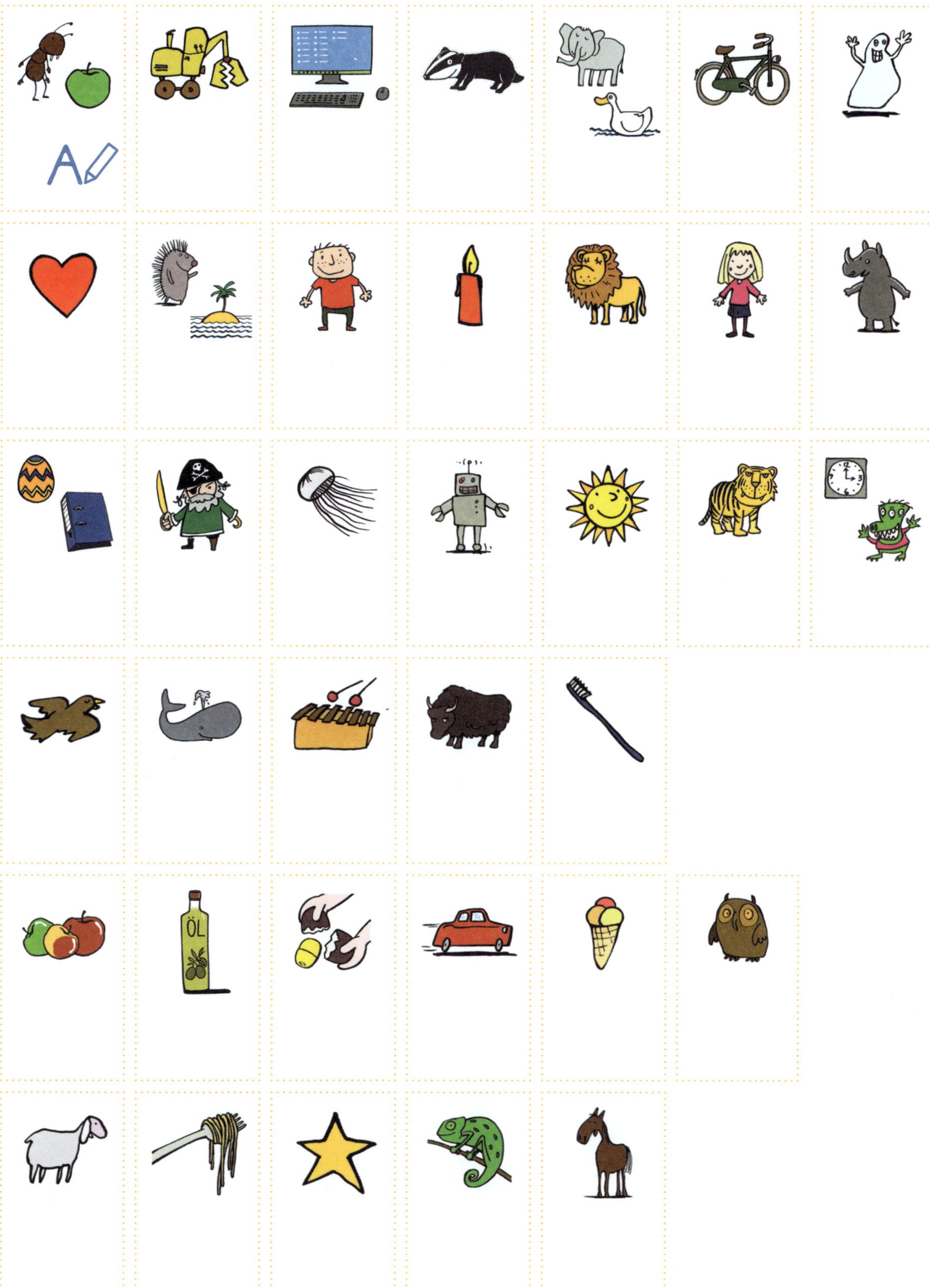

Datum:

SCHREIBE DIE BUCHSTABEN.

LIES UND VERBINDE.

TIPP!

S O F A

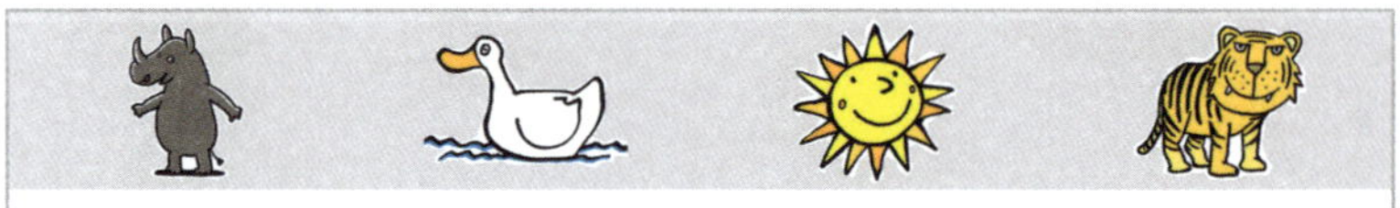

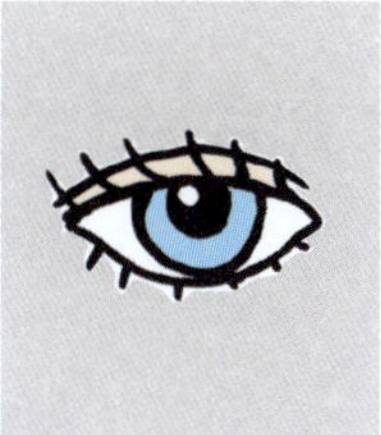

Datum:

VERBINDE BILD UND WORT.

die ROSE	der BIBER	der HASE

die TOMATE	der ADLER	der UHU	das ZEBRA

die HEXE	der ELEFANT	das BUCH	der BAGGER

die RAKETE	der ANKER	der TIGER	das KROKODIL

Datum: ______________

VERBINDE BILD UND WORT.

die ZIEGE

der DRACHE

der HUND

das GESPENST

die WOLKE

die KATZE

der JUNGE

der MOND

die SONNE

der ROBOTER

die UHR

der RITTER

die LEITER

der KRAN

der DELFIN

die BURG

die SÄGE

der ESEL

das HUHN

der ASTRONAUT

Datum:

WELCHES BILD PASST?

die RAKETE

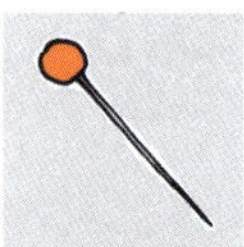

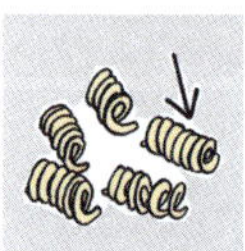

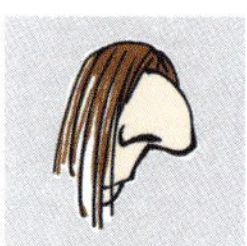

die NUDEL

die ANANAS

der PAPAGEI

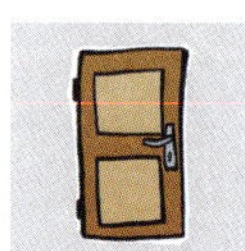

das TELEFON

 ○

 ○ ○ das UFO

 ○

 ○

 ○ ○ die ROSE

 ○

 ○

 ○ ○ der WALD

 ○

 ○

 ○ ○ der FUßBALL

 ○

 ○

 ○ ○ der SATTEL

 ○

 ○

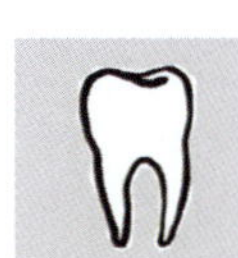 ○ ○ der ZAHN

 ○

Datum:

SCHREIBE DIE BUCHSTABEN.

LIES UND VERBINDE.

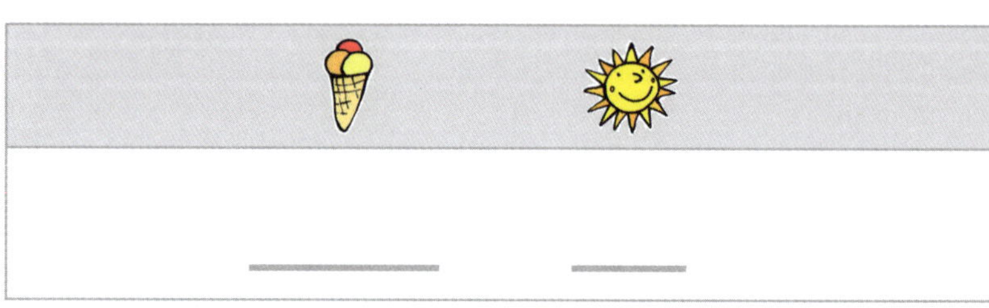

Datum:

VERBINDE BILD UND WORT.

 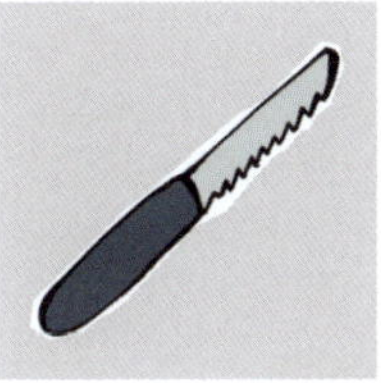   

das MESSER | die GIRAFFE | der MANTEL

das GELD | der MAIS

die LUPE | die LEITER | der LOLLI

die LOKOMOTIVE | der LEUCHTTURM

Unterschrift der Lehrkraft WEITER GEHT'S!

Datum:

WELCHES WORT PASST?

TIPP!

CH SCH EI

der TIGER ○

das TUCH ○ ○ 

der TISCH ○

der LÖWE ○

das LAMA ○ ○ 

die LEITER ○

der APFEL ○

der AFFE ○ ○ 

die ACHT ○

der SCHATZ ○

das SCHAF ○ ○ 

das SCHIFF ○

die KERZE ○

das KAMEL ○ ○ 

der KELLER ○

das FACH ○

der FISCH ○ ○ 

der FROSCH ○

der KRAN ○

die KISTE ○ ○ 

der KUCHEN ○

die SUPPE ○

die SONNE ○ ○ 

der SOMMER ○

die NACHT ○

der NAGEL ○ ○ 

die NASE ○

die WASCHMASCHINE ○

der WASCHBÄR ○ ○ 

der WOHNWAGEN ○

Datum:

MALE 9 BILDER.

TIPP!

AU SCH ST

das AUTO
Auto

die BLUME
Blume

der PILZ
Pilz

die ENTE
Ente

die SONNE
Sonne

der STERN Stern	das HAUS Haus
der MOND Mond	der HAMMER Hammer
der BALL Ball	der FISCH Fisch

Datum:

Was gehört zusammen?

	Del ○	○ bel
	En ○	○ fin
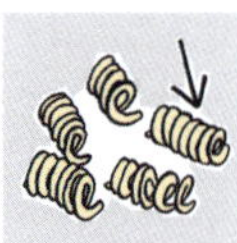	Nu ○	○ der
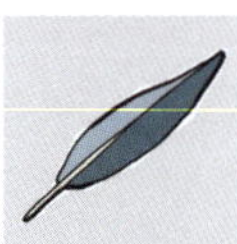	Fe ○	○ te
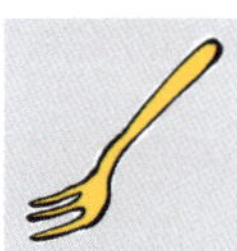	Ga ○	○ del

	Stink ○	○ mel
	Ta ○	○ we
	Ka ○	○ pe
	Lö ○	○ tier
	Lu ○	○ xi

	Tau ○	○ pe
	Vo ○	○ chen
	Ku ○	○ ze
	Ker ○	○ gel
	Lam ○	○ cher

	Kä ○	○ fel
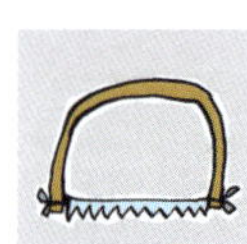	Sä ○	○ xe
	Un ○	○ se
	He ○	○ fall
	Teu ○	○ ge

	Ti ○	○ pir
	Vul ○	○ ter
	Vam ○	○ kan
	Lei ○	○ nu
	Ka ○	○ ger

	Zir ○	○ chen
	Nas ○	○ wurf
	Maul ○	○ sel
	In ○	○ kus
	Mäd ○	○ horn

	Pan ○	○ be
	Wür ○	○ pe
	Wes ○	○ da
	Zun ○	○ fel
	Ra ○	○ ge

	Pa ○	○ fe
	Werk ○	○ del
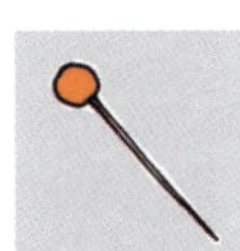	Na ○	○ ket
	Pfei ○	○ to
	Au ○	○ zeug

Datum:

Male 12 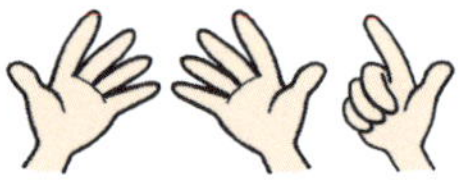 Bilder.

die Kerze

Tipp!

Gabel

der Kreis	das Blatt
der Seestern	die Maus
der Stift	der Fußball

der Rucksack	das Einhorn
das Eis	der Kamm
die Hand	der Kaktus
das Seil	das Tor

Datum:

Unterteile in Silben und verbinde.

das Auge 
die Wolke 
der Pirat 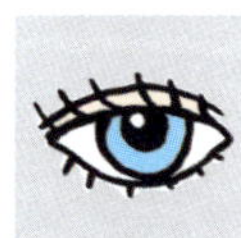
die Palme 
der Seestern 

die Ampel 
die Säge 
der Apfel 
die Biene 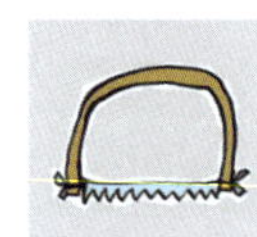
die Dose 

das Sofa 
der Anker 
der Adler 
das Dreirad 
die Erde 

das Nashorn 
der König 
der Eisbär 
die Fliege 
der Fußball 

der Rucksack ○ ○ 

die Geige ○ ○ 

der Hamster ○ ○ 

das Einrad ○ ○ 

das Judo ○ ○ 

die Pflaume ○ ○ 

das Pony ○ ○ 

das Zebra ○ ○ 

der Junge ○ ○ 

das Einhorn ○ ○ 

der Eimer ○ ○ 

das Fahrrad ○ ○ 

der Kaktus ○ ○ 

der Spiegel ○ ○ 

der Planet ○ ○ 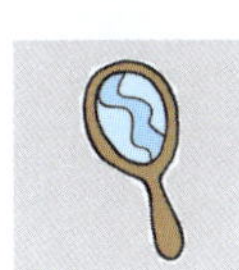

das Flugzeug ○ ○ 

der Garten ○ ○ 

der Biber ○ ○ 

die Dusche ○ ○ 

der Jäger ○ ○ 

Datum: ____________

Male 13 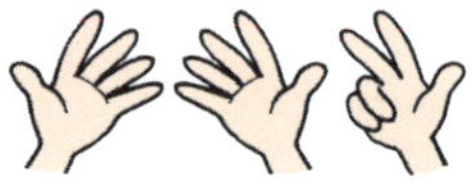 Bilder.

die Fliege

Tipp!

Gabel

die Fledermaus	der Baum
das Schwert	der Regenwurm
das Flugzeug	die Biene

das Dreirad	der Apfel
die Taschenlampe	das Haustier
die Regenwolke	die Steckdose

Datum:

Was gehört zusammen? Schreibe die Wörter.

	Son	ze	die Sonne
	Fahr	mer	das
	Eu	ne	die
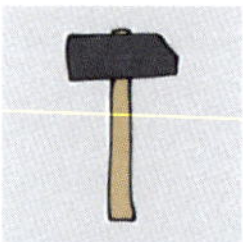	Ham	rad	der
	Kat	le	die

	E	ne	der
	Pin	ger	der
	O	sel	der
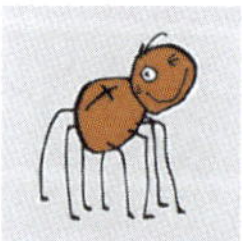	Spin	sel	die
	Bag	fen	der

	Ba ○	○ se	das
	Ho ○	○ bel	die
	Ga ○	○ ter	die
	Rit ○	○ ge	der
	Flie ○	○ by	die

	Sat ○	○ we	der
	Do ○	○ tel	die
	Af ○	○ se	der
	U ○	○ fe	der
	Lö ○	○ hu	der

Was gehört zusammen? Schreibe die Wörter.

	Kro	der	fant
	Kän	le	se
	Fle	mei	dil
	E	ko	ru
	A	gu	maus

 das Krokodil

 das

 die

 der

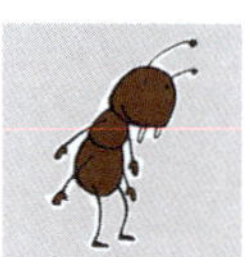 die

Datum: ______________

Unterteile in Silben und verbinde.

der Spazierstock ○ ○ 

der Schiedsrichter ○ ○ 

der Topfdeckel ○ ○ 

Was gehört zusammen? Schreibe die Wörter.

	See ○	○ do ○	○ chen
	Tin ○	○ pferd ○	○ fisch
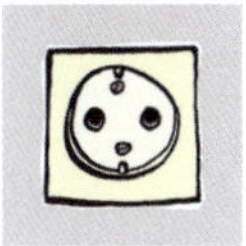	Steck ○	○ ten ○	○ se

 das ______________________

 der ______________________

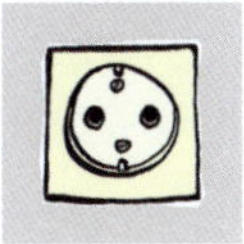 die ______________________

______________________ Unterschrift der Lehrkraft Weiter geht's!

Datum:

Was gehört zusammen? Trage die richtige Zahl ein.

1

2

3

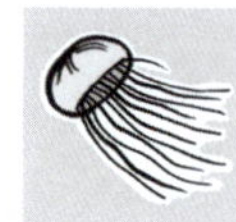
4

16

5

15

6

14

7

13

8

der Hai	◯	◯	die Schnecke
das Stinktier	1	◯	der Taucher
der Wal	◯	◯	die Katze
der Orca	◯	◯	der Tintenfisch
der Seestern	◯	◯	der Delfin
der Esel	◯	◯	die Schildkröte
das Seepferdchen	◯	◯	die Qualle
der Fisch	◯	◯	der Wolf

12

11

10

9

Kreise alle Tiere ein, die im Meer leben.

Datum: ____________________

Was gehört zusammen? Trage die richtige Zahl ein.

1

2

3

4

16

5

15

6

14

7

13

8

der Adler ◯
die Biene ◯
der Papagei ◯
der Pinguin ◯
das Pony ◯
der Rabe ◯
der Marienkäfer ◯
die Mücke ◯

◯ die Fledermaus
◯ die Wespe
◯ die Schnecke
◯ die Libelle
◯ der Geier
◯ der Storch
◯ der Specht
◯ das Känguru

12

11

10

9

Kreise alle Tiere ein, die fliegen können.

Datum:

Was gehört zusammen? Trage die richtige Zahl ein.

1

2

3

4

16

5

die Schnecke ◯	◯ der Waschbär
das Seepferdchen ◯	◯ die Ziege
die Spinne ◯	◯ die Qualle
der Regenwurm ◯	◯ der Fuchs
der Fisch ◯	◯ der Stier
die Heuschrecke ◯	◯ das Kaninchen
der Tiger ◯	◯ der Hai
der Jaguar ◯	◯ der Tintenfisch

15

6

14

7

13

8

12

11

10

9

Kreise alle Tiere ein, die **keine** vier Beine haben.

Datum:

Was gehört zusammen? Trage die richtige Zahl ein.

1

2

3

4

16

5

15

6

14

7

13

8

- der Wal ◯
- die Biene ◯
- die Eule ◯
- der Leguan ◯
- das Zebra ◯
- das Schaf ◯
- das Eichhörnchen ◯
- die Fliege ◯

- ◯ das Chamäleon
- ◯ der Salamander
- ◯ der Elefant
- ◯ das Nashorn
- ◯ der Maulwurf
- ◯ der Storch
- ◯ der Regenwurm
- ◯ das Känguru

12

11

10

9

Kreise alle Tiere ein, die ein Fell haben.

Datum:

Was siehst du? Kreuze an. Male an.

☒ die Giraffe

☐ der Tierpfleger

☐ das Kind

☐ der Löwe

☐ der Elefant

☐ der Dinosaurier

☐ die Spinne

☐ das Krokodil

☐ ____________________

☐ ____________________

Welches Tier hat die meisten Beine?

____

Datum:

Was siehst du? Kreuze an. Male an.

- ☐ die Schatzkiste
- ☐ das Skelett
- ☐ der Kugelfisch
- ☐ die Koralle
- ☐ der Krebs
- ☐ der Tintenfisch
- ☐ die Muschel
- ☐ das Seeungeheuer

- ☐ ______
- ☐ ______

Was ist in der Schatztruhe?

______

Datum:

Was siehst du? Kreuze an. Male an.

- ☐ der Schiedsrichter
- ☐ die Mittellinie
- ☐ der Trainer
- ☐ der Fußball
- ☐ das Tor
- ☐ die Ersatzbank
- ☐ das Dreirad
- ☐ die rote Karte
- ☐ der Stürmer
- ☐ der Zuschauer
- ☐ der Fisch

- ☐ ______________________
- ☐ ______________________

Was hat der Torwart an?

____

Datum:

Was siehst du? Kreuze an. Male an.

- ☐ der Tiger
- ☐ die Seiltänzerin
- ☐ der Clown
- ☐ die Manege
- ☐ das Buch
- ☐ der Elefant
- ☐ das Zelt
- ☐ der Vorhang
- ☐ der Scheinwerfer
- ☐ der Akrobat
- ☐ die Rakete
- ☐ ______
- ☐ ______

Welches Kunststück kannst du?

______

Datum:

Was siehst du? Kreuze an. Male an.

- ☐ der Sattel
- ☐ die Trense
- ☐ das Hufeisen
- ☐ das Heu
- ☐ die Reiterhose
- ☐ das Kamel
- ☐ der Stiefel
- ☐ das Zaumzeug
- ☐ die Decke
- ☐ der Hufkratzer
- ☐ die Reitkappe
- ☐ ____________________
- ☐ ____________________

Was braucht man zur Pferdepflege?

____

Datum: ____________________

Was siehst du? Kreuze an. Male an.

☐ das Gespenst

☐ die Ritterrüstung

☐ die Fledermaus

☐ die Sonne

☐ das Gerippe

☐ die Eule

☐ der Papagei

☐ die Spinne

☐ die Mäuse

☐ der Kater

☐ die Turmuhr

☐ der Mond

☐ die Kerze

☐ das Spinnennetz

Unterschrift der Lehrkraft ____________________ Weiter geht's!

Datum:

Stimmt das? Lies und kreuze an.

Der Regenwurm lebt über der Erde.

☐ ja ☒ nein

Die Trommel klingt laut.

☐ ja ☐ nein

Das Schaf hat wolliges Fell.

☐ ja ☐ nein

Die Spinne hat sechs Beine.

☐ ja ☐ nein

Der Storch kann
bis nach Afrika fliegen.

☐ ja ☐ nein

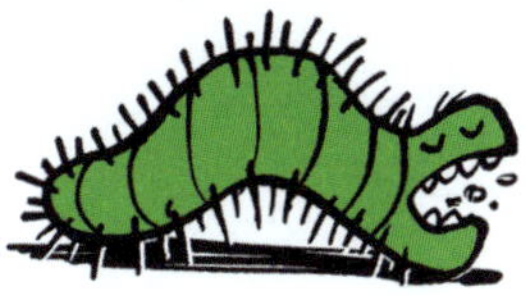

Die Raupe wird einmal
ein Schmetterling.

☐ ja ☐ nein

Der Schiedsrichter hat
eine Flöte.

☐ ja ☐ nein

Der Vogel hat zwei Flügel.

☐ ja ☐ nein

Datum:

Male 13 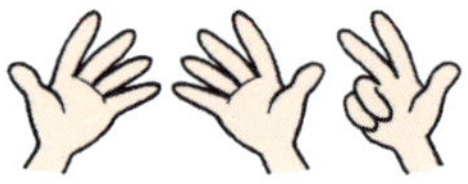 Bilder.

Male eine Schatzkiste.

Male einen roten Knopf.

Male einen Zahn vom Elefanten.

Male einen kleinen Floh.

Male fünf Punkte.

Male Futter für einen Drachen.

Male drei gelbe Blumen.

Male vier Reifen.

Male eine lange Schlange.

Male einen Apfel mit Wurm.

Male einen Schweineschwanz.

Male eine Tatze von einer Katze.

Male ein Fliegenbein.

Male eine Schnecke ohne Haus.

Male eine dicke Wolke.

Male ein Haus von einer Maus.

Datum: ______________________

Male 14  Bilder.

Male eine Spinne im Netz.	Male ein Kuscheltier.
Male vier Bonbons.	Male einen bunten Regenbogen.
Male viele Schneeflocken.	Male eine Rakete.
Male fünf braune Pferdeäpfel.	Male ein Feuer.

Male ein unheimliches Gespenst.	Male ein gefährliches Tier.
Male ein Geschenk mit Schleife.	Male eine bunte Zahnbürste.
Male einen roten Mund.	Male sieben grüne Grashalme.
Male ein leckeres Essen.	Denke dir etwas aus.

Datum:

Lies und male.

Male dem Piraten
ein rotes Kopftuch.
Er hat eine Augenklappe.

Male dem König einen Bart.
Die Krone ist gelb
mit roten Edelsteinen.

Male der Hexe eine Warze
auf die Nase.
Die Haare sind grün.

Das Mädchen streckt
die Zunge raus.
Male ihm
viele Sommersprossen.

Auf dem Lastwagen
sind sieben Kisten.

In der Pfanne sind
drei Spiegeleier.

Am Baum hängen
15 Kirschen.

Der Hund hat neun Flöhe.

Datum:

Lies und male.

Male dem Tiger Streifen.
Er hat scharfe Krallen.

Male dem Elefanten
einen Rüssel.
Eine Maus sitzt
auf seinem Rücken.

Male der Spinne acht Beine.
Im Netz sitzt eine Fliege.

Male dem Krokodil
spitze Zähne.
Es liegt im Wasser.

Der Bär hat gelbe Entenfüße.
Er hat einen roten Schnabel.
Was fällt dir noch ein?

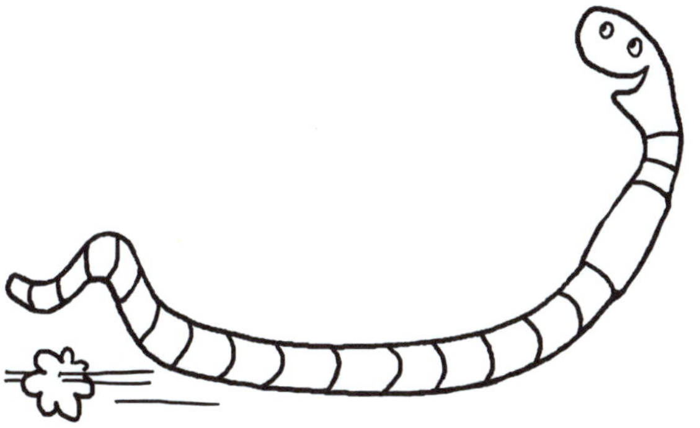

Der Regenwurm trägt
ein Schneckenhaus.
Er hat fünf Räder.

Das Kamel hat blaue Socken an.
Es trägt einen bunten Hut.
Was fällt dir noch ein?

Der Hase hat überall
grüne Punkte.
Er hat einen Tigerschwanz.
Was fällt dir noch ein?

Datum:

Kreuze an: JA oder NEIN?

Der Elefant ist groß.	☒ ja	☐ nein
Das Flugzeug hat Räder.	☐ ja	☐ nein
Kühe sind lila.	☐ ja	☐ nein
Der Tiger hat einen Schnabel.	☐ ja	☐ nein
Schokolade schmeckt salzig.	☐ ja	☐ nein
Alle Bäume haben Blätter.	☐ ja	☐ nein
Meine Hand hat fünf Finger.	☐ ja	☐ nein
Der Pilz hat einen Hut.	☐ ja	☐ nein
Die Spinne hat sechs Beine.	☐ ja	☐ nein
Der Ameisenbär frisst Ameisen.	☐ ja	☐ nein
Die Biene fängt Mäuse.	☐ ja	☐ nein
Der Elefant hat eine lange Nase.	☐ ja	☐ nein
Nudeln wachsen auf Bäumen.	☐ ja	☐ nein
Der Wal ist ein Fisch.	☐ ja	☐ nein
Der Affe kann gut klettern.	☐ ja	☐ nein

Unterstreiche mit einem roten Stift, was du lustig findest.

Datum:

Kreuze an: JA oder NEIN?

Ich kann gut klettern.	☐ ja	☐ nein
Ich kann fliegen.	☐ ja	☐ nein
Meine Augen sind blau.	☐ ja	☐ nein
Ich habe rote Socken.	☐ ja	☐ nein
Ich kann rückwärtslaufen.	☐ ja	☐ nein
Ich habe einen Rüssel.	☐ ja	☐ nein
Meine Haare sind stachelig.	☐ ja	☐ nein
Ich trinke gerne Kakao.	☐ ja	☐ nein
Am liebsten esse ich Krötenschleim.	☐ ja	☐ nein
Ich habe einen Schnurrbart.	☐ ja	☐ nein
Ich kann Zaubertricks.	☐ ja	☐ nein
Meine Oma kann Motorrad fahren.	☐ ja	☐ nein
Ich kann pfeifen.	☐ ja	☐ nein
Mein Hamster kann Handstand.	☐ ja	☐ nein
Ich kann lesen.	☐ ja	☐ nein

Unterstreiche mit einem roten Stift, was du lustig findest.

Datum:

Was passt? Verbinde.

Das Pferd	mag Käse.
Die Maus	hält den Ball.
Der Torwart	frisst Heu.

Der Hai	fängt Mäuse.
Die Katze	leuchtet hell.
Der Mond	hat Flossen.

Der Drache	ist sauer.
Der Bär	spuckt Feuer.
Die Zitrone	mag Honig.

Der Pirat	gibt Milch.
Die Kuh	fährt langsam.
Das Auto	hat ein Holzbein.

Die Spinne ○	○ brummt laut.
Das Kind ○	○ fängt Fliegen.
Das Motorrad ○	○ isst Bonbons.

Das Flugzeug ○	○ ist lecker.
Die Pizza ○	○ fliegt weit.
Das Schwein ○	○ grunzt viel.

Der Hund ○	○ bringt Post.
Der Maulwurf ○	○ frisst Knochen.
Der Postbote ○	○ macht Haufen.

Der Kuchen ○	○ liest Bücher.
Das Krokodil ○	○ ist lecker.
Die Lehrerin ○	○ beißt dich.

Wenn du fertig bist, kannst du mit einem grünen Stift Quatsch-Sätze verbinden.

Datum: ____________________

Was passt? Verbinde.

Der Ritter ○	○ schreibt eine Geschichte.
Das Fahrrad ○	○ hat ein Schwert.
Der Junge ○	○ fährt schnell.

Das Mädchen ○	○ fliegt zum Mond.
Der Lehrer ○	○ springt Seil.
Die Rakete ○	○ schreibt an die Tafel.

Die Mücke ○	○ schießt ein Tor.
Der Fußballer ○	○ fährt Motorrad.
Die Oma ○	○ saugt Blut.

Der Opa ○	○ hat einen Rüssel.
Der Elefant ○	○ legt ein Ei.
Das Huhn ○	○ backt einen Kuchen.

Der Vampir ○	○ klettert auf die Palme.
Der Affe ○	○ hat eine rote Nase.
Der Clown ○	○ fliegt durch die Nacht.

Der Pilot ○	○ ist kalt.
Das Eis ○	○ schmatzt.
Der Igel ○	○ sitzt im Flugzeug.

Der Vogel ○	○ ist spannend.
Das Buch ○	○ hat Flöhe.
Der Hund ○	○ hat Flügel.

Das Pferd ○	○ singt ein Lied.
Die Hose ○	○ frisst Gras.
Die Sängerin ○	○ ist schmutzig.

Wenn du fertig bist, kannst du mit einem grünen Stift Quatsch-Sätze verbinden.

Datum:

Welches Wort passt nicht? Streiche es durch.

1. Ich kann gut ~~Hose~~ rechnen.
2. Die Tür dumm ist zu.
3. Das Haus für ist groß.
4. Heute grün scheint die Sonne.
5. Die Ente blau schwimmt.
6. Die Suppe ist lecker nach.
7. Der Elefant singt hat einen Rüssel.
8. Katzen Käse mögen Milch.
9. Im Sommer Gruß gehe ich schwimmen.
10. Mein Bett ist Bein weich.
11. Es mögen sind Tomaten im Salat.
12. Schnecken kriechen Auto langsam.
13. Eine Banane ist baden krumm.

14. Ameisen hoch krabbeln auf dem Weg.

15. Die Gitarre Blume klingt schön.

16. Der König hat eine Krone sandig.

17. Viele Tiger sind Nacht gefährlich.

18. Jungen und Mädchen neu spielen zusammen im Haus.

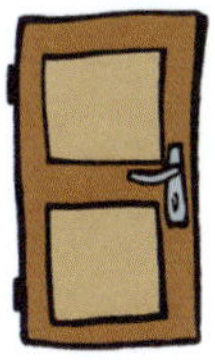

19. In der Mausefalle haben ist Käse.

20. Ein Schneemann wird grün aus Schnee gebaut.

21. Nudelsuppe schmeckt Käse mir gut.

22. Mit der Zahnbürste kann man sich die kurz Zähne putzen.

23. Der Hut Mann hat rote Haare auf dem Kopf.

24. Im Märchenbuch stehen viele spannende Geschichten groß.

Datum:

Kreuze an: JA oder NEIN?

Der Papagei sitzt auf einem Ast.	☐ ja	☒ nein
Ein Affe frisst eine Banane.	☐ ja	☐ nein
Der Jaguar versteckt sich im Gras.	☐ ja	☐ nein
Alle Frösche sind grün.	☐ ja	☐ nein
Ein Affe hat ein Baby auf dem Rücken.	☐ ja	☐ nein
Die Schlangen wickeln sich um Äste.	☐ ja	☐ nein
Sieben Schmetterlinge fliegen herum.	☐ ja	☐ nein
Die Spinne seilt sich ab.	☐ ja	☐ nein
Die Ameisen tragen Blumen.	☐ ja	☐ nein
Ein Frosch will eine Fliege fressen.	☐ ja	☐ nein

Datum:

Welches Wort passt nicht? Streiche es durch.

1. Der Löwe ist der Stärkste kriechen.
2. Ameisen können sich selbst 10-mal grün tragen.
3. Schnecken tragen rennen dafür ihr Haus.
4. Muscheln wohnen auch im lustig eigenen Haus.
5. Im Meer ist blau der Hai gefürchtet.
6. Hühner Bären haben Angst vor dem Fuchs.

Stimmt das? Kreuze an: JA oder NEIN?

Ein Luftballon ist lila.	☐ ja	☐ nein
Die Kinder tanzen.	☐ ja	☐ nein
Drei Kinder machen Eier-Lauf.	☐ ja	☐ nein
Alle Kinder trinken Limo.	☐ ja	☐ nein
Die Kinder feiern eine Party.	☐ ja	☐ nein

Unterschrift der Lehrkraft Weiter geht's!

Datum: ____________________

Lies und ergänze.

Im Zoo

Das ist Otto.
Er ist Tierpfleger im Zoo.
Otto füttert jeden Tag nacheinander alle Tiere im Zoo.

Er beginnt bei den Elefanten ____________________.

Nach den Elefanten geht er zu den ____________________.

Dann füttert er die ____________________.

Weiter geht es zu den ____________________.

Dann sind die ____________________ dran.

Und zum Schluss kommen die ____________________.

Nun ist Otto mit seiner Arbeit fertig.

Was macht Otto jetzt?

Otto ____________________.

ELEFANT PELIKAN
ESEL
ZOO

ESEL TIGER
PELIKAN

TIGER
ZUTRITT VERBOTEN
NICHT DURCH DAS GITTER FASSEN!
FÜTTERN VERBOTEN
TIGER

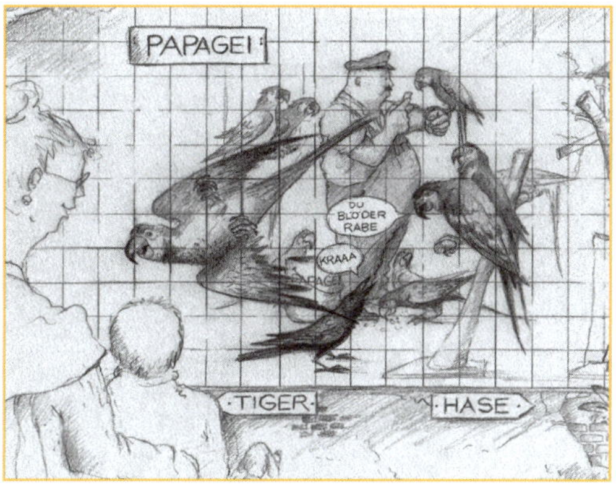
PAPAGEI
DU BLÖDER RABE
KRAAA
TIGER
HASE

PAPAGEI AUSGANG
HASE

HASE AUSGANG
OTTO
KOKO

Datum:

Was gehört zusammen?

Die Giraffe frisst gerne ○	○ Fische.
Der Elefant frisst gerne ○	○ Bananen.
Das Krokodil frisst gerne ○	○ Fleisch.
Der Affe frisst gerne ○	○ Salat.
Der Pelikan frisst gerne ○	○ Milch.
Der Hase frisst gerne ○	○ Fliegen.
Die Schnecke frisst gerne ○	○ Mäuse.
Otto isst gerne ein ○	○ Heu.
Das Chamäleon frisst gerne ○	○ Fische.
Die Eule frisst gerne ○	○ Fleisch.
Der große Tiger frisst gerne ○	○ Blätter.
Der kleine Tiger trinkt gerne ○	○ Wurstbrot.
Der Pinguin frisst gerne ○	○ Möhren.

Und was isst du gerne?

Datum: ______________

Was hilft **dir** beim Lesen?
Lies beide Texte.

Ein kleines Krokodil lag in der Sonne.
Es hatte gerade einen Schokoladenkuchen,
einen alten Damenschuh
und einen kleinen Fisch gefressen.
Nun musste es sich erst einmal ausruhen.

Das klei|ne Kro|ko|dil be|kam Bauch|weh.
A|ber die Son|ne wärm|te sei|nen Bauch
wie ei|ne Wärm|fla|sche.
Bald wa|ren die Bauch|schmer|zen ver|schwun|den
und es hat|te wie|der gro|ßen Hun|ger …

Welchen Text konntest du leichter lesen?
Kreuze an.

☐ Text 1 ☐ Text 2

Tipp!
Hast du Text 2 angekreuzt?
Dann kannst du dir deine Texte zum Lesen selber leichter machen:
Mache nach jeder Silbe im Wort einen Strich.
Das hilft besonders bei langen Wörtern.

Datum:

Sieh genau hin. Worum geht es im Text wohl?

Lies und male.

Der Drache hat grüne Flügel.
Seine Augen sind rot.
Das Feuer ist rot und gelb.
Aus seiner Nase kommt
schwarzer Rauch.
Der Drache kämpft
mit einem Ritter.

Hat deine Vermutung gestimmt?

☐ ja ☐ nein

Datum:

Sieh genau hin. Worum geht es im Text wohl?

Lies und male.

Eine Mannschaft trägt
rote Hemden und grüne Hosen.
Die andere Mannschaft trägt
gelbe Hemden und rote Hosen.
Der Ball fliegt ins Tor.

Hat deine Vermutung gestimmt?

☐ ja ☐ nein

Datum: ______

Sieh genau hin. Worum geht es im Text wohl?

______

Lies und male.

Die Katze hat Junge bekommen.
Sie hat grüne Augen.
Ihr Fell ist braun-weiß gestreift.
Sie trägt eine rote Schleife.
Ein Kätzchen sieht aus wie die Mama.
Ein Kätzchen ist schwarz.
Seine Pfoten sind weiß.
Das dritte Kätzchen ist gefleckt.

Hat deine Vermutung gestimmt?

☐ ja ☐ nein

Datum:

Sieh genau hin. Worum geht es im Text wohl?

Lies und male.

Das Pferd ist gesattelt.
Es hat einen schwarzen Schweif.
Am Kopf hat es eine weiße Blesse.
Sein Fell ist braun.
Das Zaumzeug ist rot.
Das Mädchen gibt ihm eine Möhre.

Hat deine Vermutung gestimmt?

☐ ja ☐ nein

Datum: ____________________

Lies den Text.

Ben ist 7 Jahre alt.
Paula ist 2 Jahre jünger als Ben.
Lara ist 1 Jahr älter als Paula.

Beantworte die Fragen.

Wie alt ist Paula?

____

Wie alt ist Lara?

____

Denke dir selbst ein Rechen-Rätsel aus.

Dein Text:

____

____

____

Deine Fragen:

____

____

Datum:

Lies und male.

Male einen großen Drachen.
Er hat ein Gesicht.
Er hat fünf rote Schleifen am Schwanz.
Er hat drei gelbe Bänder am Schwanz.
In der Luft fliegen Vögel.

Datum: ____________________

Löse die Rätsel.

Ich bin ein Säugetier.
Ich habe vier Pfoten.
Mein Fell ist weiß.
Ich kann schwimmen.
Ich fresse Fische und Robben.
Gemüse mag ich nicht.

Ich bin ein

______________________________.

Ich bin ein Reptil.
Ich lebe am Wasser.
Meine Haut ist hart.
Ich lege Eier in den Sand.
Die Sonne brütet sie aus.
Ich habe ein großes Maul
und scharfe Zähne.
Ich könnte dich fressen.

Ich bin ein

______________________________.

Ich kann fliegen.
Meine Flügel haben
keine Federn.
Ich habe keinen Schnabel.
Insekten fresse ich gern.
Ich jage in der Nacht.
Am Tag schlafe ich mit
dem Kopf nach unten.
Ich bin kein Vampir.

Ich bin eine

______________________________.

Ich fresse gerne Salat.
Ich habe keine Beine.
Ich bewege mich langsam.
Ich mache eine Schleimspur.
Mein Haus ist immer
in meiner Nähe.

Ich bin eine

______________________________.

Ich bin das größte Säugetier
der Welt.
Mein Schwanz ist
eine mächtige Flosse.
Ich lebe im Meer.
Aber ich bin kein Fisch.
Meine Kinder heißen Kälber.
Ich kann mit Wasser spritzen.
Ich habe ein großes Maul.

Ich bin ein

________________.

Mein Name wird manchmal
als Schimpfwort benutzt.
Ich bin ein besonders
kluges Tier.
Ich habe ein kleines
Schwänzchen.
Ich bin ein Haustier.
Manche Menschen
essen gern mein Fleisch.

Ich bin ein

________________.

Ich kann nicht schwimmen.
Mein Fell ist braun.
Ich habe kurze Arme
und kräftige Beine.
Ich kann sehr gut springen.
Mein Kind sitzt
in meinem Beutel.
Ich lebe in Australien.

Ich bin ein

________________.

Ich bin ein großer Vogel.
Ich kann sehr schnell rennen.
Fliegen kann ich nicht.
Ich habe einen langen Hals.
Er hat keine Federn.
Meine Eier sind die größten
der Welt.
Mein Name reimt sich
auf MAUS.

Ich bin ein

________________.

Auf diesen Seiten findest du: ein Känguru, einen Wal, eine Fledermaus, einen Strauß, einen Eisbär, ein Krokodil, eine Schnecke und ein Schwein.

Datum:

Lies und ergänze.

Rätsel-Gedicht

Ich, ein kleines Tierchen bin,
Die geübt'ste Jägerin;
In den Winkeln an den Mauern,
Pfleg ich auf das Wild zu lauern,
Ohne Hund und Schießgewehr.
Netze spann ich um mich her,
Und mein Tisch bleibt selten leer.

Das ist ein Gedicht. Gedichte sind Geschichten in etwas anderer Form. Manchmal reimen sie sich, aber nicht immer.

Ich bin eine

______________________.

Male mich.

Lerne das Gedicht auswendig. Trage es den anderen Kindern vor.

Tipp!

Teile das Gedicht in kleine Portionen.
Übe die erste Portion.
Decke sie mit einem Zettel ab.
Wenn du diese kannst,
nimmst du die zweite Portion dazu.

Datum:

Löse das Rätsel.

Ich habe eine Brille auf der Nase.
Meine Nase ist spitz.
Zwei große Ohren habe ich zudem.
Mein Fell ist grau.
Einen Schwanz habe ich auch.
Er ist ein bisschen rosa.
Wenn keine Katze mich jagt,
lese ich Bücher.
Ich bin größer als eine Maus.

Ich bin eine

________________________________.

Male mich.

Unterschrift der Lehrkraft Weiter geht's!

Datum:

Informationen finden

Lies den Text.

Das Zebra

Das Zebra gehört zur Familie der Pferde.
Es hat ein schwarz-weiß gestreiftes Fell.
Deshalb nennt man das Zebra auch Tigerpferd.
Jedes Zebra hat ein anderes Streifenmuster.
Zebras sind Pflanzenfresser.
Sie fressen am liebsten Gras und Kräuter.
Zebras fressen die meiste Zeit am Tag.
Sie leben in Afrika. Dort ist es sehr heiß.

Das ist ein Sachtext.
Sachtexte informieren über eine Sache oder erklären etwas.
Es gibt auch ganze Sachbücher.

Zebras gehören zur Tierfamilie der …

☐ Hunde. ☐ Pferde. ☐ Kühe.

Wo leben Zebras?

Was machen Zebras die meiste Zeit am Tag?

Datum: ____________________

Informationen suchen

Tipp!
In Lexika, Sachbüchern und auch im Internet kannst du gut Informationen finden. Auch diese Texte nennt man Sachtexte.

Das interessiert mich:

____

Das ist meine Frage:

____

Suche Informationen zu deiner Frage.

Das habe ich herausgefunden:

____

____

____

Wo hast du die Informationen gefunden?

- ☐ im Internet auf dieser Seite: ____________________
- ☐ in diesem Buch: ____________________
- ☐ in dieser Zeitschrift: ____________________

Stelle deine Frage und deine Antwort den anderen Kindern vor.
Erzähle auch, wo du die Informationen gefunden hast.

Datum: ______________________

Ein Gedicht umschreiben

Lies das folgende Gedicht.

In der Schule

Sehe ich Klassenräume,
Höre ich Kinder rennen,
Fühle ich Stifte in meiner Hand,
Treffe ich auf Schüler und Lehrer,
Muss ich mich konzentrieren.
Aber in den Ferien,
Da kann ich in der Sonne liegen.

Erinnere dich:
Gedichte sind Geschichten in etwas anderer Form.
Sie müssen sich nicht reimen.

Jetzt bist du dran! Schreibe ein Gedicht nach dem gleichen Modell.

In den Ferien

Sehe ich ______________________,
Höre ich ______________________,
Fühle ich ______________________,
Treffe ich ______________________,
Muss ich ______________________.
Aber in der Schule,
Da ______________________.

Datum: ____________

Tabellen lesen

STUNDENPLAN Name: Hassan Klasse: 2 b

	Montag	Dienstag	Mittwoch	Donnerstag	Freitag
1. Block	Deutsch	Musik	Sach-unterricht	Textil	Mathe
2. Block	Sach-unterricht	Mathe	Religion	Mathe	Sach-unterricht
Mittagessen					
3. Block	Englisch	Werken	Deutsch	Deutsch	Klassenrat
4. Block	Sport	frei	Sport	Kunst	frei

Tipp!
Kennst du alle Fächer?
Sonst schlage nach!

Schau nach:

In welche Klasse geht Hassan?

____

Hassan liest gerne. Wann kann er das machen?

____

Wann hat Hassan früher Schluss?

____

Welcher Tag würde dir am besten gefallen? ____________

Warum?

____

____

Datum:

Texte bunt gemischt

Du hast verschiedene Textsorten kennengelernt:

Geschichte
Geschichten sind erzählende Texte.
Sie können kurz oder lang oder sogar sehr lang sein.
Sehr lange Geschichten nennt man Romane.

Sachtext
Sachtexte informieren über eine Sache.
Sie berichten oder erklären etwas.
Das geschieht sachlich – also ohne Gefühle oder Wertung.

Gedicht
Gedichte sind Geschichten in etwas anderer Form.
Oft reimen sich die einzelnen Zeilen eines Gedichts.
Ein Gedicht muss aber nicht unbedingt aus Reimen bestehen.

Welche Textsorte gefällt dir?

☐ Geschichte ☐ Sachtext ☐ Gedicht

Warum?

Datum: ______________________

Welche Textsorte ist es?

______________________:

Ratten

Ratten sind Nagetiere.
Sie gehören der Gruppe der Altweltmäuse an.
Sie sind ausgewachsen 8–30 cm groß.
Die schwersten Ratten wiegen 500 Gramm.
Das Wort Ratte findet sich in vielen Redewendungen und Sprichwörtern.
Leseratten nennt man Menschen, die viel und gerne lesen.

______________________:

Bumerang

War einmal ein Bumerang;
War ein Weniges zu lang.
Bumerang flog ein Stück,
Aber kam nicht mehr zurück.
Publikum – noch stundenlang –
Wartete auf Bumerang.

Joachim Ringelnatz

______________________:

Der Tunnel in der U-Bahn-Böschung gähnte ihnen wie ein schwarzes Maul entgegen.
Er sah wirklich nicht sehr einladend aus, aber es war der kürzeste Weg nach Hause.
Lina griff nach Mottes Hand. „Igitt“, sagte sie, „heute stinkt es besonders scheußlich, was? Irgendwie anders als sonst.“
Ihre Schritte hallten unheimlich in der Dunkelheit.
Linas Stimme klang seltsam hohl.
„Hallo, ist da jemand?“, rief sie. „He, lass das!“, sagte Motte.
Er tastete sich an der kalten, feuchten Tunnelwand entlang ...

aus: Cornelia Funke: „Kleiner Werwolf“

Datum: ______________

Lese-Fragebogen

Liest du gerne?

- ☐ Ja, ich lese gerne.
- ☐ Nein, ich lese nicht gerne.

Wo liest du am liebsten?

____

____

Was liest du am liebsten?

- ☐ Abenteuerbücher
- ☐ Tierbücher
- ☐ Sachbücher
- ☐ Fantasie-Geschichten
- ☐ Detektiv-Geschichten
- ☐ Zeitschriften
- ☐ Zeitungen
- ☐ Märchen
- ☐ Comics

- ☐ etwas anderes: ______________________________

Ich lese am liebsten Bücher mit …

- ☐ vielen Bildern.
- ☐ wenigen Bildern.
- ☐ großer Schrift.
- ☐ kleiner Schrift.
- ☐ viel Text.
- ☐ wenig Text.

Woher bekommst du Bücher zum Lesen?

- ☐ aus der Buchhandlung
- ☐ aus der Stadtbibliothek
- ☐ als Geschenk
- ☐ geliehen von Freunden
- ☐ aus der Schule

- ☐ ______________________________

Datum: ____________________

Ich lese gerne ...

Dieses Buch gefällt mir besonders gut:

Titel: ____________________

Autorin/Autor: ____________________

Darin wäre ich gerne:

____

____

Gefallen hat es mir, weil ...

____

____

____

____________________.

ab

Die lustigste / traurigste / schönste / gruseligste / spannendste / überraschendste Stelle: Seite __________

Lies diese besondere Stelle den anderen Kindern vor!

Tipp!
Übe vorher, diese Stelle laut zu lesen!

Datum: ____________

Ein Text, den ich vorstellen möchte:

Titel: ____

Autorin/Autor: ____________________________________

Der Text ist …

☐ eine Geschichte. ☐ ein Sachtext. ☐ ein Gedicht.

Ich habe den Text ausgesucht, weil …

____

____

____.

Eine besondere Stelle: Seite oder Zeile ____________

Den Text kann ich empfehlen, wenn du gerne …

____

____.

→ ____ Unterschrift der Lehrkraft

Das kann ich.

	Kreuze an:	Für die Lehrkraft:
Ich kann zu Anlautbildern Buchstaben finden und einfache Wörter lesen und verstehen.	☺ 😐 ☹	✓ →
Ich kann Silben verbinden und Wörter in Silben unterteilen.	☺ 😐 ☹	✓ →
Ich kann schwierige Wörter lesen und verstehen.	☺ 😐 ☹	✓ →
Ich kann Sätze lesen und verstehen.	☺ 😐 ☹	✓ →
Ich kann kurze Texte leise lesen, verstehen und Fragen beantworten.	☺ 😐 ☹	✓ →
Ich kenne Lesehilfen, um Texte leichter zu lesen und zu verstehen.	☺ 😐 ☹	✓ →
Ich kann Informationen in verschiedenen Medien finden.	☺ 😐 ☹	✓ →
Ich kann eine Textstelle oder ein Gedicht vorlesen oder sogar auswendig vortragen.	☺ 😐 ☹	✓ →
Ich kenne verschiedene Textsorten und kann erklären, was mir gefällt.	☺ 😐 ☹	✓ →
Ich kann schon ein ganzes Buch lesen und es anderen vorstellen.	☺ 😐 ☹	✓ →

Unsere Vereinbarungen

UNSERE VEREINBARUNG AM: ______	ERLEDIGT AM: ______ Datum

UNSERE VEREINBARUNG AM: ______	ERLEDIGT AM: ______ Datum

UNSERE VEREINBARUNG AM: ______	ERLEDIGT AM: ______ Datum

UNSERE VEREINBARUNG AM: ______	ERLEDIGT AM: ______ Datum

UNSERE VEREINBARUNG AM: ______	ERLEDIGT AM: ______ Datum